NEW YORK, 11. SEPTEMBER

VON MAGNUM-FOTOGRAFEN

NEW YORK, 11. SEPTEMBER

VON MAGNUM-FOTOGRAFEN

Steve McCurry • Susan Meiselas

Larry Towell • Gilles Peress • Thomas Hoepker • Alex Webb

Paul Fusco • Eli Reed • David Alan Harvey

Bruce Gilden • Chien-Chi Chang • Bruce Davidson • Hiroji Kubota

Dennis Stock • Burt Glinn • Richard Kalvar

Josef Koudelka • Raymond Depardon

Mit zusätzlichen Fotografien von Evan Fairbanks, Adam Wiseman, Ann-Marie Conlon

Vorwort von David Halberstam

Aus dem Amerikanischen von Joachim Kalka

Deutsche Verlags-Anstalt
Stuttgart München

NEW YORK, 11. SEPTEMBER

David Halberstam

Das Datum des 11. September 2001 wird jetzt lange fortdauern, es ist in unser kollektives Gedächtnis eingegraben wie nur sehr wenige andere – der 7. Dezember 1941, der 22. November 1963, Tage, die ein Gestern scharf vom Heute zu trennen scheinen, ein Damals vom Jetzt. Diese Daten bezeichnen sehr seltene Augenblicke: Ganz gewöhnliche Leute werden einem ihr ganzes Leben lang sagen können, wo sie waren und was sie gerade taten, als die Nachricht sie erreichte, als sei das Entsetzliche an ihnen selbst verübt worden, was in gewisser Weise auch stimmt.

Bis zu diesem Moment waren Amerika die Verwüstungen des letzten Jahrhunderts moderner Kriegführung erspart geblieben. Wir hatten nachgerade als Nation geglaubt – beschützt von unseren zwei großen Ozeanen –, daß wir gegen die schrecklichen Gefahren, Grausamkeiten, Viren immun wären, die den Rest der Welt heimsuchten.

Das Gefühl der Immunität endete, wie diese Photographien so dramatisch zeigen, am 11. September 2001; für die Einwohner von New York war das, was geschah, noch in stärkerem Maße als für die meisten anderen Amerikaner eine zutiefst persönliche Erfahrung. Das World Trade Center war für uns ein besonderer Bezugspunkt, ein vertrautes optisches Signal, das wir von ferne wiedererkannten, wenn wir fortgewesen waren, und bei unserer Rückkehr als Zeichen begrüßten, daß wir uns endlich wieder der Stadt näherten, wo wir lebten.

Die beiden Türme waren ein Wunderwerk – sie zeigten, was der Mensch erschaffen kann, wenn er in einer Stadt mit extrem knappem Raum in den Himmel greift. An beiden konnte man das Talent und die schiere harte Arbeit von Abertausenden von Männern und Frauen ablesen, die einander nicht kannten, aber durch diese Gebäude in etwas Größerem

verbunden waren; und am Ende waren die Türme ein Symbol dessen, was der Mensch dem Menschen antun kann, wenn er seinen grausamen Trieben freien Lauf läßt.

Die beiden Gebäude waren auf ihre Art auch jeweils eine kleine Welt, eine Stadt für sich. Will man begreifen, weshalb der Schutt der Katastrophe sich so riesig aufhäuft, muß man sich vorstellen, daß zehn zwanzigstöckige Wolkenkratzer in einem einzigen betäubenden Augenblick zerstört werden.

Die Türme waren Teil unseres Lebens. Ich bin, wie die meisten New Yorker, nicht nur oft von ihnen bei der Ankunft in die Stadt zurückgeleitet worden – ich bin oft dort gewesen, habe in den Restaurants gegessen, in den exklusiven und den bescheidenen, in denen mit drei Sternen und in denen, wo es nur eine Portion Pizza gab. Ich war zu geschäftlichen Besprechungen dort gewesen, ich hatte dort einen auswärtigen Gast für ein Buch interviewt. Ein paar Jahre lang ging ich in ein Fitness-Studio, das in einem angrenzenden Gebäude lag; das wird nun vielleicht auch eingerissen werden müssen.

Wir haben alle unsere Erinnerungen an die Towers, und an das Architekturwunder, das sie darstellten. (Ich, der ich unter pathologischer Höhenangst leide, kann mich daran erinnern, wie ich vor zehn Jahren dort einen Vortrag zu halten hatte und zu meinem größten Unbehagen feststellen mußte, daß er im allerhöchsten Stockwerk eines der beiden Türme stattfinden sollte. Ich hatte derartige Angst, daß ich mich die ganze Stunde über an der Tischkante vor mir festklammerte.)

Und nun liegen diese beiden Gebäude in Schutt und Asche, und New York ist nicht mehr wie einst, und in jenem Teil unseres Hirns, wo wir die Filmclips der traurigsten Ereignisse speichern – den Zapruder-Film von Kennedys Ermordung, die Szenen der Challenger-Katastrophe –, da bewahren wir jetzt die Bilder von diesem Augenblick auf, unmittelbar gegenwärtig, unvergeßlich. Und wir haben unserem Wortschatz den Ausdruck „Ground Zero" hinzugefügt.

Während ich dies schreibe, muß ich an etwas denken, was mich an unserer Gesellschaft oft bewegt hat: die Haltung ganz gewöhnlicher Leute in Zeiten großer Krisen. Die Menschen, die den Angriff geplant haben, wollten unter anderem dem Rest der Welt vorführen, was für eine schwache und dekadente Nation wir geworden sind. Aber noch während die Katastrophe sich ereignete, gaben Feuerwehrleute und Polizisten ihre eigene Sicherheit (und die Sicherheit ihrer Familie) preis, um völlig Fremde zu retten; indem sie das taten, traten sie den Beweis für das genaue Gegenteil von dem an, was sich die Planer der Gewalt erhofft hatten.

Es ist jetzt, da ich dies schreibe, erst sechzehn Tage her, seit es geschah, und die Stadt – für mich immer die weltweit größte Zusammenballung menschlicher Energie – kommt langsam und stetig wieder zu sich, sie kehrt zurück zu ihren millionenfachen kleinen Anliegen und Problemen. Daß man New Yorker ist, ist ebensosehr eine existentielle

Beschreibung wie eine geographische Angabe zum Wohnsitz. Millionen von uns sind Menschen, die von überall auf der Welt hierher gekommen sind, die meisten wohl freiwillig, gerade die Ärmeren unter uns, die noch nicht sehr lange hier sind – sie sind gekommen, weil sie hier leben wollen und weil sie glauben, daß sie hier, anders als an dem Ort, wo sie ihr Leben begannen, mit harter Arbeit weiterkommen können und daß gewiß ihre Kinder es einmal noch besser haben werden. Das macht New York ironischerweise zum Ort der Freiheit, und ich kann mir keine stärkere Kraft vorstellen, welche Menschen verbindet.

Kameramann Evan Fairbanks hatte am Morgen des Angriffs im Süden Manhattans zu tun, und er rannte mit seiner Videokamera auf die Straße, als er den Lärm hörte. Während er die Türme filmte, erschien das zweite Flugzeug und krachte in den zweiten Turm des World Trade Center. Fairbanks rief uns am selben Abend an, und als wir seine außergewöhnlichen Aufnahmen sahen, waren wir auch der Meinung, daß sie zur dokumentarischen Tradition unserer Agentur paßten. Magnum erklärte sich bereit, sein Video und die davon gezogenen Standfotos zu vertreiben – darunter auch die auf diesen Seiten abgebildeten.

STEVE McCURRY: Man hat das Schreckliche gespürt, und man hat

...ofort instinktiv gewußt, als der Turm in sich zusammengebrochen ist: Unser Leben wird nie mehr dasselbe sein.

STEVE McCURRY: Wer hätte auch nur im Traum gedacht, daß einer
von den Türmen einstürzen könnte? Und jetzt sogar beide. Es war
unbeschreiblich, diese schreckliche Traurigkeit. Man hätte mir
geradesogut sagen können, daß meine Mutter oder mein Vater bei
einem Unfall ums Leben gekommen ist, oder daß mein bester Freund
gestorben ist. So groß war der Kummer.

STEVE McCURRY

Als das passiert ist, war ich in meinem Büro auf der Nordseite vom Washington Square Park. Man kann
von dort aus das World Trade Center sehen. Ich war gerade am Tag vorher aus China zurückgekommen, ich
sah meine Post durch. Die Mutter meines Assistenten rief mich an und sagte: „Schauen Sie aus dem Fenster!" Ich tat es. Und ich griff mir sofort meine Kamera und rannte aufs Dach. Oben auf dem Gebäude
hat man einen freien Blick auf den ganzen Süden von Manhattan.

> Als ich auf dem Dach ankam, brannten bereits beide Gebäude. Ich fing an zu fotografieren, so rasch
> ich konnte. Zwischen der Zeit, als ich auf meinem Dach ankam, und dem Augenblick, als der erste
> Turm zusammenbrach, lagen wahrscheinlich dreißig oder vierzig Minuten. Zu sehen, wie er tatsächlich
> einstürzte, war absolut unfaßbar, mit das Schlimmste, das ich je gesehen habe. Das einfach so zu-
> sammenbrechen zu sehen und zu wissen, wie viele Leute in dem Gebäude gewesen sein müssen — und die
> Zuschauer, die Rettungsmannschaften, die Feuerwehrleute, die Polizisten, die dort waren.

Ich hatte diese Gebäude jeden Tag von meinem Fenster aus gesehen. Der Triumphbogen am
Washington Square rahmte sie für mich ein. Wenn man im Village auf der Fifth Avenue,
Sixth Avenue, Seventh Avenue unterwegs ist, sieht man sie ständig, sie sind ein Teil des
Lebens dort. Wenn die zusammenbrechen, das ist, wie wenn man einem das Herz rausreißt.

> Sofort, nachdem die Türme eingestürzt waren, haben mein Assistent und ich die Ausrüstung zusammen-
> geholt und sind Richtung Downtown gegangen. Die Polizei hatte den Bezirk abgesperrt, aber wir haben
> es geschafft, durchzukommen. Wir sind an dem ersten Abend etwa bis halb neun geblieben. Am nächsten
> Morgen wußte ich, ich muß da wieder hin. Ich konnte es nicht so dabei belassen. Also bin ich gegen
> halb vier aufgestanden und zu Fuß im Dunkeln dort runter gegangen, weil ich wußte, die einzige Mög-
> lichkeit, durchzukommen, ist im Schutze der Dunkelheit. Wir sind den West Side Highway hinunter und
> kamen bis zur Pressestation. Ich schaute mir die Sache an, und dann bin ich etwa hundert Meter an
> einer Betonbarriere entlanggekrochen. Am Ende kam dann ein starker Maschendrahtzaun, und ein Stück
> Draht hielt zwei Abschnitte von dem Zaun zusammen, das habe ich dann durchgeschnitten. Ich wollte
> mich einfach nicht aufhalten lassen. Eine Polizistin schrie uns etwas nach, aber wir sind einfach
> weiter. Wir sind neben einer Gruppe von Nationalgardisten hergegangen. Wir haben irgendwie ausgese-
> hen, als würden wir dazugehören. Ich hatte hauptsächlich Khaki an. Die Kameras trug ich versteckt.

Es war die Frage, ob die Gebäude, von denen aus wir fotografierten, überhaupt noch sicher waren. Würden sie
vielleicht gleich zusammenbrechen? Zwei Gebäude in der Nähe brannten. Wir wurden ständig aufgefordert, wegzu-
gehen. Ich hab wahrscheinlich ebensoviel Zeit bloß damit verbracht, solchen Befehlen auszuweichen, wie ich
fotografiert habe. Immer wieder haben sie gesagt: „Sie müssen hier weg!" Wir haben uns einen Augenblick lang
zurückgezogen und sind dann sofort wiedergekommen.

> Ich hab den ganzen Mittwochmorgen gearbeitet. Am Nachmittag war sehr viel
> mehr Polizei da, National Guard, Feuerwehr. Es wurde sehr schwierig, einfach
> herumzulaufen. Am Donnerstag haben sie uns dann richtiggehend abgeführt, aus
> der Sperrzone hinaus. Da hatten sie alles dann sehr viel besser organisiert.

STEVE McCURRY: Die Zerstörung war total. Sie hatte nicht vor den letzten dreißig

Stockwerken haltgemacht, oder den letzten zehn. Es gab nur noch diese leere Hülle. Man traute seinen Augen nicht.

STEVE McCURRY: Die Feuerwehrleute schienen unter Schock zu stehen und machten gleich-

zeitig einen sehr professionellen Eindruck. Das war's, wofür sie ausgebildet worden waren, und sie machten es.

STEVE McCURRY: Die Stimmung war so drückend. Alle wußten, was für eine Last das hier hatte. Ich wollte einfach in Film umsetzen, was ich tatsächlich empfand — Horror und Schmerz über den Verlust. Das war ein ganz neues Ausmaß des Bösen.

STEVE McCURRY: Von dem ganzen Wasser, das ins Feuer gespritzt wurde, hatten sich kleine

Seen gebildet. Die meisten Fahrzeuge waren so schwer beschädigt, daß man wußte: Ir denen hat niemand überlebt.

STEVE McCURRY: Wir sind durch die Lobby vom zweiten Turm des World Financial

Center gegangen, wo man gewöhnlich Tausende von Menschen herumhasten sieht und reden hört. Es war völlig still.

SUSAN MEISELAS

Am Dienstagmorgen ging ich früh aus dem Haus, um mit einer
alten Freundin in einem Diner um die Ecke zu frühstücken. Mein
Assistent rief an und sagte, im Radio sei gemeldet worden, daß
ein Flugzeug in einen der Türme des World Trade Center gerast
sei. Ich fand das unvorstellbar, und ich hatte gewiß keinerlei
Begriff, ob das ein Unfall oder ein Angriff war. Als ich in
den Diner kam, sah ich die ersten Bilder des brennenden World
Trade Center auf dem Fernsehschirm. Ich ging sofort wieder
hinaus, rannte in meine Wohnung in der Mott Street, holte mein
Fahrrad, pumpte die Reifen auf und fuhr Richtung Süden. Ich
hatte mir zwei Kameras geschnappt, eine Leica, eine Canon,
ein 28—105-Millimeter-Objektiv und ein paar Rollen Film. Zu
wenige, wie sich herausstellen sollte.

Als ich den Broadway hinuntersauste, marschierten Menschenmengen
eilig in der Gegenrichtung nach Norden. An manchen Ecken drängten
sich Zuschauer, aber das Leben schien weiterzugehen. Kuriere
lieferten immer noch ihre Päckchen ab. Ich fuhr nach Westen, um
deutlicher sehen zu können, was geschah. Als ich am Liberty Plaza
Park war, am Rand der Polizeisperren, war niemand zu sehen. Später
am Nachmittag gelang es mir tatsächlich, Ground Zero zu betreten.
Als ich ankam, ging die Sonne fast schon unter, und es war beinahe
still.

SUSAN MEISELAS: Ich versuchte, durch die Polizeisperre in der Church Street zu kommen, als

plötzlich der erste Turm in sich zusammenstürzte. Die Leute schrien und liefer los, einige direkt auf mich drauf.

SUSAN MEISELAS: Die Feuerwehrleute richteten sich eine improvi

sierte Dusche an der West Street ein, um die beißende Asche und den Staub abzuspülen, die Ground Zero einhüllten.

SUSAN MEISELAS: Ich fand den Ort, wo sich die Feuerwehrleute nach dem Einsturz

der Türme wieder sammelten. Sie waren erschöpft und geschockt, vielleicht haben sie mich deshalb durchgelassen.

SUSAN MEISELAS: Am Spätnachmittag dieses schrecklichen ersten Tages kam ich an dieser Skulptur

in der Nähe des World Trade Center vorbei. Sie schien an alle diejenigen zu erinnern, die verschwunden waren.

LARRY TOWELL

Ich bin wegen einer Besprechung im Magnum-Büro nach New York gekommen. Ich wohnte unten in SoHo, bei Susan Meiselas. Etwa gegen zehn am Dienstagmorgen steckte Susan den Kopf in mein Zimmer und sagte: „Zwei Flugzeuge, Selbstmordbomber, sind gerade ins World Trade Center gerast." Ich hob den Kopf vom Kissen und sagte: „Wo ist das World Trade Center?" Ich war nie dort gewesen; Städte und Gebäude sind nicht meine Themen. Sie sagte: „Immer dem Rauch nach, Landei."

Ich zog meine Sandalen an und ging nach draußen. Die Leute bewegten sich rasch, sie wußten nicht, was los war. Es herrschte ein starkes Gefühl von Verwirrung. Ich blieb stehen, machte ein paar Bilder. Meine normale Ausrüstung hatte ich nicht dabei. Ich hatte eine kleine vollautomatische 35-Millimeter-Kamera. Ein paar Bilder gingen daneben. Ich fotografierte die Leute. Wenn ich gesehen hätte, wie das Flugzeug ins Gebäude flog — ich hätte es wahrscheinlich nicht aufgenommen. Ich interessiere mich nur für Menschen. Ich fotografierte die New Yorker: Gutgekleidete Leute, die aus der Richtung des Bankenviertels kamen, stehenblieben, redeten, mit den Fingern deuteten. Ich sah nichts besonders Dramatisches, bis ich näher dran war.

In der Nähe der Fulton Street hörte ich ein Dröhnen und Krachen. Ich dachte, ein weiteres Flugzeug wäre in das Gebäude geflogen. Die Leute fingen zu schreien an. Jemand schrie: „Die werfen Bomben ab!" Und dann fing alles an loszurennen. Als ich näher kam, sah ich, daß die Leute Angst um ihr Leben hatten.

Dann kam das Gebäude runter. Ich fürchtete mich. Wir fürchteten uns alle. Ich sah es nicht stürzen, aber ich sah den Qualm. Eine schwarze, schwarze Wolke fegte auf uns zu. Die Leute glaubten offensichtlich, sie müßten jetzt sterben. Ich dachte bloß, daß ich jetzt schmutzig würde. Ich versuchte, Bilder zu machen. Meine Kamera funktionierte nicht. Das grüne Licht blinkte, was anzeigte: „Ich weiß nicht, worauf ich fokussieren soll."

Später stieß ich auf Feuerwehrleute, die sich neu sammelten. Ich ging mit ihnen bis unmittelbar an den Ort der Zerstörung und machte dort so viele Aufnahmen, wie ich konnte. Die Polizei forderte mich auf, zu verschwinden, ich würde sonst festgenommen werden. Ich sah keine Leichen, und ich hatte Glück: Ich sah niemand in den Tod springen. Ich hatte die Vorstellung, es würde ein einziges Leichenfeld sein, aber so war es nicht. Ich blieb, bis es fast dunkel war, und dann ging ich zum Büro zurück.

LARRY TOWELL: Es sah aus wie ein Tornado, wie wenn du auf der Veranda von

deiner Farm sitzt, und du siehst diese riesige Kraft immer näher kommen. Alles rarnte, um Abstand zu bekommen.

LARRY TOWELL: Man konnte

es an ihren Augen sehen — manche Leute schienen die Ungeheuerlichkeit, die geschehen war, sofort zu begreifen.

LARRY TOWELL: Nachdem das Gebäude Nummer 7 gegen Mittag eingestürzt war, wurde

der Himmel sehr dunkel. Als die Sonne durch diese Düsternis drang, gab es seltsame, manchmal unwirkliche Effekte.

LARRY TOWELL: Ein paar Geistliche kamen heraus und fragten die Leute, ob

es ihnen was ausmachen würde, wenn sie für uns beteten. Sie beteten, daß an diesem Tag niemand mehr sterben möge.

LARRY TOWELL: Die Polizei brüllte immer wieder: „Gehen Sie zurück! Es können noch mehr Gebäude einstürzen!" Aber manche Leute waren wie betäubt. Sie starrten nur um sich. Manche wühlten im Schutt.

LARRY TOWELL: Ich folgte einem Trupp Feuerwehrleute in die Nullzone –

Ground Zero. Sie bewegten sich rasch, sie arbeiteten mit großer Dringlichkeit. Sie waren sehr konzentriert.

GILLES PERESS

Ich traue Worten nicht. Ich traue Bildern.

GILLES PERESS

NOW SERVING
BREWED DECAF
COFFEE

ADAM WISEMAN: Ich glaube, die Leute, die wirklich begriffen, was geschah,
das waren die Leute, die ganz still waren, die ihre Hände vor
den Mund geschlagen hatten. Alle anderen standen da und warteten,
daß der zweite Turm einstürzte. Und als es passierte, brach Panik aus.
Es brauchte ein paar Sekunden, und dann rannte alles los.

ANN-MARIE CONLON: Polizist hinter einem
Fragment eines der Flugzeugtriebwerke.

(Als das World Trade Center angegriffen wurde, gingen verschiedene Leute aus dem Magnum-Büro los, um zu fotografieren.
Adam Wiseman arbeitet in der Dunkelkammer; Ann-Marie Conlon
ist eine Praktikantin aus Scunthorpe in England.)

ADAM WISEMAN: Ich brauchte länger, bis ich schließlich aufbrach, um nach Downtown zu gehen. Als der erste
Turm fiel, war ich am West Broadway, ein, zwei Straßen nördlich von der Canal Street. Alle gingen ganz
langsam voran, als ob es uns anziehen würde. Ich war schließlich in Tribeca, Ecke Leonard Street und West
Broadway, und da blieb ich stehen.

Zuerst hatte ich gar keinen richtigen Eindruck von dem, was geschah. Ich habe jetzt wirklich das Gefühl:
Ich habe mich hinter der Kamera versteckt. Meine Kamera war es, die zur Zeugin wurde. Bewußt wurde mir alles
erst, als ein englischer Tourist mit der Kamera in der Hand auf mich zu kam und fragte, wie nahe man ihn
wohl an die Türme heranlassen würde. Und mich erstaunte diese Frage, weil einer der Türme gerade eingestürzt
war. Ich sagte zu ihm: „Ich glaube nicht, daß es darum geht, wie weit man uns heranläßt. Ich glaube, viel
näher sollten wir nicht hingehen, weil der zweite Turm jetzt wohl auch gleich einstürzt." Und er dreht sich
um und sieht hin, und erst jetzt wird ihm klar, daß der Turm in sich zusammengestürzt ist, und er bricht in
Tränen aus.

Ich ließ die Kamera sinken, und ich wartete jetzt geradezu darauf, daß der zweite Turm fiel. Und das zu
sehen, wie die Leute in den Tod springen, einer nach dem anderen und weiter und weiter ... Das war das
Furchtbarste von allem für mich. Das ist das eine, was mir immer wieder in den Sinn kommt.

Es ist komisch, was einem in so einer Situation wichtig ist. Ich dachte immer, ich muß jetzt bei Magnum
anrufen, daß ich zu spät zur Arbeit komme. Ich hatte eine Hand an der Wiederholungstaste von meinem Handy,
weil ich nicht durchkam, und ich drückte immer wieder und wieder, bis ich endlich die Verbindung hatte.
Ich sagte: „Tut mir leid, ich komm erst später. Ich hab hier unten Aufnahmen gemacht, und es fährt kein Bus
und keine U-Bahn, ich muß zu Fuß ins Büro kommen." Dann hab ich aufgelegt. Die vierzig Blocks, die ich
zum Büro zurückmarschiert bin, das war die längste Strecke, die ich je gegangen bin. Und als ich im Büro
angekommen war, bin ich völlig zusammengebrochen. Ein paar Leute dort haben mich nach hinten gebracht und
mir eine Tasse Tee gemacht und meinen Film übernommen.

THOMAS HOEPKER

Ich bin vor fünfundzwanzig Jahren aus Deutschland nach New York gekommen, im
Auftrag des „Stern". Ich glaube, wenn man als Ausländer in diese Stadt kommt,
begeistert sie einen noch mehr. Sie hat dann nichts Selbstverständliches. Ich
mag diese Intensität, das Tempo dieser Stadt. Ich mag das Professionelle, etwas,
was man an diesem Projekt sehen kann. Daß man innerhalb von ein paar Tagen eine
Gruppe von Spitzenprofis in einem Raum versammeln kann, die enthusiastisch sind
und dann ein Projekt wie dieses Buch sehr, sehr schnell zustande bringen.

Ich erfuhr schon sehr früh vom Angriff aufs World Trade Center. Ich hatte mich
gerade zum Frühstück hingesetzt, als das Telefon klingelte. Rebecca Ames,
verantwortlich für die Pressearbeit bei Magnum, rief mich an, etwa fünf Minuten,
nachdem das erste Flugzeug eingeschlagen hatte. Sie wohnt in Brooklyn und hatte
eben aus dem Fenster gesehen, wie Rauch aus dem World Trade Center aufstieg,
sie war völlig durcheinander. Irgendwie glaubte ich im Grunde noch nicht, was sie
sagte. Es brauchte eine Weile, bis es bei mir angekommen war. Dann schaltete
ich den Fernseher an, und erst, als ich dort die Bilder sah, wurde es Wirklichkeit.
Das ist typisch für unsere Zeit, oder? Wenn es nicht im Fernsehen war, ist es auch
nicht passiert.

Ich sah auf dem Fernsehschirm, als das zweite Flugzeug in das
Gebäude rammte, und einen Moment lang war ich vollkommen
hilflos. Ich wußte nicht, was ich tun sollte. Ich saß einen
Augenblick lang nur da, ich war geschockt, ich dachte: Was
mache ich jetzt? Was ist das Richtige?

Alle möglichen Dinge schießen einem in einem solchen Moment durch den Kopf. Ich dachte
sogar: Vielleicht ist es nicht richtig, da hinzugehen, zum Fotografieren. Es ist zu
entsetzlich. Es ist irgendwie unanständig, das zu fotografieren. Natürlich fängt man
dann doch an, professionell zu denken. Man muß etwas tun. Man muß einfach losgehen und
Bilder machen.

Ich hörte, daß die U-Bahn nicht mehr fuhr. Ich dachte mir, die einzige Möglichkeit,
irgendwohin zu kommen, ist mit dem Auto. Als ich auf die Second Avenue kam, wurde mir
klar, daß der Verkehr so stark war, daß ich in Richtung Süden nicht durchkommen würde.
So beschloß ich, auf der Queensboro Bridge über den East River zu fahren. Das stellte
sich als Fehler heraus. Es saßen schon viele, viele Menschen in ihren Autos, auf
Lastwagen, liefen zu Fuß: Es sah aus wie die Massenflucht aus einer untergehenden Stadt.

Es lag ein solcher Widerspruch in der Schönheit dieses Tages und dem Horror da unten in
der Stadt. Es war wie in einem Hitchcock-Film, der am hellen Tag gedreht wurde. Man
ahnt, daß etwas Entsetzliches in der Luft hängt, aber man weiß noch nicht, was. Es war
ein herrlicher, sonniger Spätsommertag. Und der Schrecken kam an einem solchen Tag!

Dann wurde mir klar, daß ich auf der anderen Seite des Flusses festsaß und nicht
mehr nach Manhattan zurückfahren konnte. So machte ich den größten Teil meiner
Bilder von Brooklyn aus, und als ich über die Manhattan Bridge ging. Dann rief ich
im Magnum-Büro an und fragte: Was mache ich jetzt? Und sie sagten mir, ich solle
sofort vorbeikommen, damit sie meinem Film gleich ins Labor geben könnten.

Magnum ist als Zusammenschluß von Dokumentarfotografen gegründet worden. Das ist
unsere Tradition. Nach einem fürchterlichen Ereignis wie diesem begreifen wir
die Bedeutung dieses Erbes ganz neu. Ich glaube, daß wir heute, mit all der neuen
digitalen Technik, längst unsere visuelle Integrität verloren haben. Manche
Fotografen und Grafiker ändern, was auf den Bildern zu sehen ist, sie fälschen
Bilder. Deshalb hat die Öffentlichkeit das Vertrauen verloren, daß ein Foto ein
Beweis ist und ein Dokument. Man sieht es eher als Illustration an, als reine
Unterhaltung. Wir haben unsere Unschuld verloren, und wir haben kein Gefühl mehr
dafür, was im Umgang mit Fotografien moralisch richtig ist.

Ich glaube sehr an die Dokumentarfotografie, ich glaube daran,
daß man Bilder vom wirklichen Leben machen muß. Als ich die
Bilder unserer Fotografen durchsah, waren auch einige dabei,
die sehr schön oder originell komponiert waren — aber sie
betonten das Kunstvolle ihrer Fotografie, nicht so sehr das
Erzählen einer Geschichte. Wir haben diese Bilder nicht in
unser Buch aufgenommen. Ich glaube, sie gehören nicht hinein,
weil sie nicht seinem erklärten Zweck dienen: Zeugnis ab-
zulegen. In solch einem Augenblick muß man ganz bescheiden
sein. Wenn etwas derartiges geschieht, kann nichts, was man
tut, die richtige Antwort auf diese Ungeheuerlichkeit geben.

THOMAS HOEPKER: Von der Manhattan

Bridge, wo ich stand, konnte man die Brooklyn Bridge sehen, und die Rauchsäule zog über die ganze Aussicht.

Überall ringsum konnte man die Sirenen hören. Downtown Manhattan war unter schwarzen Rauchschleiern verschwunden.

THOMAS HOEPKER: Ich habe die Stadt noch nie so gesehen — noch nie überhaupt

etwas Vergleichbares. Es herrschte Weltuntergangsstimmung. Es schien, als stünde die ganze Stadt in Flammen.

ALEX WEBB

Meine Frau Becky und ich hielten uns vor dem Fernseher umarmt und sahen entsetzt zu, wie das zweite
Flugzeug sich in den anderen Turm stürzte. Als ich anfing, meine Kameras einzusammeln, spürte ich die
Last ungewohnter Gefühle. Früher hatten sich die Kriege und Unruhen und Naturkatastrophen, die ich
fotografierte, immer weit weg von Zuhause abgespielt. Dies war etwas anderes. Terroristen hatten meine
Stadt angegriffen. Wahrscheinlich waren Tausende von Menschen tot. Ich hatte das Gefühl, daß ich jetzt
fotografieren mußte, trotzdem zögerte ich. Becky, selbst Fotografin, wollte mitgehen. Trotz meiner
Sorge um ihre Sicherheit stimmte ich widerwillig zu, weil mir klar war, daß sie — genau wie ich — in
irgendeiner Form auf diese Tragödie reagieren mußte.

Wir wohnen in Park Slope in Brooklyn, etwa drei Meilen von
Manhattan entfernt. Die U-Bahn und andere öffentliche Verkehrs-
mittel fuhren nicht. Um Zeit zu sparen, mieteten wir ein paar
Straßen weiter einen Wagen und fuhren Richtung Manhattan, um
das Auto dann nahe dem East River stehen zu lassen und zu Fuß
weiterzugehen. Schließlich überquerten wir die Manhattan Bridge
und gingen weiter nach Süden.

Mit einem vor das Gesicht gepreßten Taschentuch ging ich kreuz und quer
durch die stauberfüllten Straßen des Bankenviertels: eine seltsame, weiß
verfärbte, monochrome Szenerie. Einmal wandte Becky sich um und sagte,
dieser feine weiße Staub, der uns umwehte, könnte sehr wohl die Asche
von Tausenden von Opfern enthalten. Als Gebäude Nummer 7 zusammenbrach,
verwandelte sich der Himmel in ein dunkles Ockerbraun. Die Menschen
waren staubige Silhouetten, die Sonne war eine schemenhafte Feuerkugel.

Da ich spät ankam, wurde ich nicht Zeuge des Entsetzens und der Qual, als die Tragödie sich drunten in
Manhattan vollzog. Ich sah den Schmerz nicht und die Panik. Ich sah nur die Verwüstung und die Ödnis danach,
als die Stadt langsam wieder ins Leben zurückkehrte. Ein paar Stunden nach dem Überfall sah ich einen Mann
eine im neunten Monat schwangere Frau auf einem Bürostuhl den Gehweg entlangrollen; er scherzte während-
dessen mit ihr, um sie ein wenig aufzuheitern. Ich fotografierte einen Radfahrer, der in einem Plastikhand-
schuh Staub von der Explosion sammelte. Ich fragte eine Frau, die ich nicht fotografierte, wonach sie in
einem Haufen herumwehender Papiere suchte. Sie sagte, sie wollte sehen, in was die Leute investiert hatten.
Und ich traf eine Frau, die zum Zeitpunkt des Angriffs im World Trade Center gewesen war. Sie machte
Videoaufnahmen in der Nähe der Ruinen — es war, wie sie mir sagte, eine Methode, um mit dem Erlebnis
zurechtzukommen.

ALEX WEBB: Auf den Dächern in Brooklyn Heights, entlang

der Promenade, versammelten sich Zuschauer und blickten zu der grauen Wolke hinüber, die über Manhattan lag.

ALEX WEBB: In der Abenddämmerung kamen

immer noch Menschen aus Manhattan über die Brooklyn Bridge. Schön und furchtbar glühte die Sonne durch den Rauch.

ALEX WEBB: Manchmal sah ich hin und dachte: Es ist ein normaler

Tag im Bankenviertel. Dann sah ich wieder den Staub, die Masken, den verstörten Gesichtsausdruck der Menschen.

bedeckte die Gegend um die Wall Street. Sie hing an den Kleidern der Leute und in cen Falten ihres Schuhleders.

ALEX WEBB: Der Wind blies Wolken von feinem, weißem Aschenstaub durch die Straßen.

ALEX WEBB: Polizisten suchen gegenüber den Ruinen der beiden Türme nach

Hinweisen. Bei diesem Überfall starben mehr Menschen, als in der Heimatstadt meiner Frau in South Dakota leben.

ALEX WEBB: Manchmal schien das ganze Bankenviertel mit Schnee bestäubt.
Dann wieder erinnerte es an die Alpträume von einem nuklearen Winter.

EINE STADT
TRAUERT

THOMAS HOEPKER: Kummer und Trauer, die sogleich begannen, waren tief und heftig und schmerzlich. Diese Gefühle fanden viele Ausdrucksformen.

PAUL FUSCO: Ich kam an vielen Gedenkstätten und Totenwachen vorbei. Sie waren sehr

traurig, aber sie hatten auch verwandelnde Kraft. Sie brachten Licht und Liebe in die schreckliche Dunkelheit.

PAUL FUSCO

Meine Fotografie befaßt sich ganz und gar mit realen Menschen, die reale Dinge treiben und ihr reales Leben leben. Ich bin neugierig. Ich habe mich immer dafür interessiert, das Alltagsleben der Menschen zu erforschen und zu kommentieren. Was heißt Alltagsleben? Alles, was die Leute tun — wie sie leben, wie sie sterben.

> Ich will dem, was ich aufnehme, nichts überstülpen. Bin ich objektiv? Nein. Keiner von uns ist objektiv. Wir sind alle höchst subjektiv. So sind wir nämlich: Wir reagieren subjektiv und emotional auf die Welt. Und das ist der Punkt, aus dem ich lebe, die emotionale Reaktion auf das, was ich sehe.

An dem Morgen, als das World Trade Center attackiert wurde, war ich im Veteranenkrankenhaus in New Jersey, wegen einiger routinemäßiger Tests. Der Fernseher lief nebenher, und all dies geschah, während ich untersucht wurde. Ich fuhr nach Hause, holte meine Kameras und versuchte, in die Stadt zu gelangen. Aber ich schaffte es nicht. So verlebte ich zwei sehr frustrierende Tage des ohnmächtigen Herumwanderns. Ich wollte arbeiten, man hatte alles abgeriegelt. Alle Straßen, die Zugang zum Fluß hatten, waren gesperrt. Es machte mich verrückt.

> Nachdem ich am Donnerstag nach Manhattan reingekommen war, ging ich zum Zeughaus an der 26th Street, Ecke Lexington Avenue, wo ein Informationszentrum eingerichtet worden war: Dort wurden Angaben zu vermißten Personen gesammelt und weitergegeben. Der Zugang wurde streng kontrolliert. Hunderte und Aberhunderte von Leuten versuchten, etwas über Menschen zu erfahren, die ihnen wichtig waren und die nun verschwunden waren. Aber man kam nicht an diese Leute heran. Wenn man es versuchte, vertrieb einen die Polizei.

Ich versuchte ohne Erfolg, zum Ground Zero zu gelangen. Ich konnte die Polizei nicht erreichen. Ich hatte zwar zwei Telefonnummern, die mich angeblich mit einem Informationsdienst der Polizei für die Presse verbinden sollten, aber ich hörte immer nur Ansagen vom Band, und die informierten einen nur darüber, wie man Eintrittskarten für das nächste Spiel der Jets bekam.

Hauptsächlich fotografierte ich die Reaktionen der Leute auf das, was geschehen war. Ich glaube, die meisten standen unter Schock. Sie waren sehr in sich gekehrt. Man hörte sie förmlich denken: Was bedeutet das? Was tue ich jetzt?

> Ich habe das Gefühl, großes Glück gehabt zu haben, daß ich in dieser Zeit arbeiten konnte. Ich fotografiere, weil ich glaube, daß wir uns und die Welt am besten durch Geschichten begreifen, und Fotografien erzählen Geschichten. Deshalb tun wir doch alles, oder? Deshalb machen wir Musik und Filme, deshalb tanzen wir, deshalb schreiben wir Romane und Gedichte.

Ich glaube, das erste, was die Menschen zueinander gesagt haben, als wir damals aus dem
Urmeer stiegen oder wo wir auch herkommen, das war: „Weißt du, was ich eben gesehen habe?
Ich muß dir eine Geschichte erzählen."

Wovon erzählen diese Bilder eine Geschichte? Ich weiß es nicht. Ich glaube nicht, daß irgend
jemand schon weiß, was das wirklich für eine Geschichte ist. Ich weiß, daß sie in ihrer
Finsternis und Grausamkeit die schrecklichste Geschichte ist, von der ich je berichtet habe.

PAUL FUSCO: Die Gefühle der Menschen lagen bloß. In de

ganzen Stadt versammelten sich Tausende von Leuten, die sich nicht kannten, um ihren Kummer miteinander zu teilen.

PAUL FUSCO: Ich habe so viel

Traurigkeit gesehen, und Menschen, die verzweifelt versucht haben, sich einander zuzuwenden, um Trost zu geben.

PAUL FUSCO: Clinton war mit Chelsea da, in der Nähe des Zeughauses.

Er war sehr ernst. Eine Frau ging zu ihm hin und sagte: „Mein Mann ist bei der Feuerwehr", und er umarmte sie.

ELI REED

Ich war ein Nieman Fellow an der Harvard-Universität, 1982—1983. Ich studierte vor allem
Formen des Konflikts — Guerillakriege, neue Formen der Kriegführung, terroristische
Aktionen. Seither habe ich derartigen Dingen besondere Aufmerksamkeit geschenkt. Ich habe
in Mittelamerika gearbeitet — in El Salvador, Honduras, Guatemala, Costa Rica, Nicaragua.
Ich war in Beirut, als die Kaserne der U. S. Marines in die Luft gesprengt wurde. Ich
war eine Viertelstunde später da und machte Bilder. Ich habe viele Menschen in furcht-
baren Situationen gesehen.

Was zieht mich an Konflikten an? Teilweise ist es Neugier — der Wunsch, selbst zu sehen,
wie töricht sich Menschen verhalten können. Teilweise hängt das mit meiner Kindheit
zusammen. Meine Mutter war ein liebenswürdiger Mensch. Sie starb, als ich zwölf war. Aber
sie hatte ein Lächeln, an das ich mich immer erinnert habe. Sie konnte über Dinge lachen,
die andere verrückt machten. Und ich bilde mir gerne ein, daß ich die Fähigkeit habe,
zu zeigen, daß auch andere Leute so sein können.

Obwohl ich über Kriege berichtet und viele Katastrophen gesehen habe, interessieren
mich die Katastrophen als solche nicht. Mich interessiert es, das Gute an den Menschen
zu sehen, ihren inneren Geist, und dessen Überleben. Ich glaube, bei dieser Katastrophe
hat er sich deutlich gezeigt.

Ich bin am Tag nach dem Sturz der Türme des World Trade Center durch die Straßen
gezogen. Es war ein schwerer Schock für das gesamte System, und wenn ein solcher Schock
eintritt, reagieren die Menschen auf alle möglichen Weisen. Es überrascht mich nicht,
daß die New Yorker so generös reagiert haben. Die New Yorker ... Sagen wir es so: Im
einen Augenblick sagen sie statt „Guten Morgen": „Willst du eins auf die Nase?" Und
fünf Minuten später juxen sie miteinander herum.

Die Menschen waren so freundlich in dieser Zeit. Ich habe mir immer
gedacht: Das ist ein Zug an New York, von dem andere sonst nicht
genug zu sehen bekommen. Tief drinnen machen Freundlichkeit und
Neugier einen großen Teil des Wesens der New Yorker aus. Wenn es
hart auf hart geht, tritt die Freundlichkeit strahlend hervor.

Es sah so unangemessen aus: ein Rettungsarbeiter, in dieser ungeheuren Verwüstung — mit einem kleinen Hammer.

ELI REED: In Amerika drücken wir unsere Gefühle in Trauerritualen aus. Wenn jeman

ELI REED: Fast sofort waren überall Fahnen zu sehen.

ALEX WEBB: Fahnenverkäufer auf der Sixth Avenue.

THOMAS HOEPKER: An manchen Orten schien die Fahne die Stärke Amerikas zu symbolisieren.

ALEX WEBB: Rot, Weiß und Blau waren zu den Nationalfarben der Trauer geworden.

ALEX WEBB: Anstatt bloß mit Zorn zu reagieren, trauerten die New Yorker und beklagten die Toten.

DAVID ALAN HARVEY: In der Kirche gegenüber der Feuerwache in der

34th Street trauerte man um den allgemein verehrten Father Mychal Judge, den Priester der New Yorker Feuerwehr.

DAVID ALAN HARVEY: Die Gegend war voller Ärzte un

Soldaten, aber es waren keine Verletzten zu sehen, keine Leichen ... Es gab nur ein furchtbares Gefühl der Angst.

BRUCE GILDEN: Am Montag gingen in der Wall Street wieder alle zur Arbeit.

Es schien, als ob manche Leute sich tief in sich selbst zurückzogen; andere waren vorsichtig, auf der Hut.

BRUCE GILDEN: Sonntag, 23. September. Im Yankee-

Stadion fand ein Gedächtnisgottesdienst statt. Die Gefühle vor dem Stadion waren eindeutig: Wir zeigen's denen.

CHIEN-CHI CHANG: Gegen Mitternacht am 19. September waren immer noch viele Menschen auf

dem Union Square. Manche wollten die ganze Nacht bleiben, um die Lichter der Totenwache am Brennen zu erhalten.

LARRY TOWELL: Nach all den Worten, die wir gehört haben, all der

WITH SADNESS.

Bildern, die wir gesehen haben, mühen wir uns immer noch ab, zu verstehen, was an jenem Tag auf der Welt geschah.

ABSCHIED VON DEN TÜRMEN

HIROJI KUBOTA

BURT GLINN

BURT GLINN

RICHARD KALVAR

MOTOR
STOP

THOMAS HOEPKER

JOSEF KOUDELKA

Die Agentur Magnum Photos wurde 1947 von vier Fotografen gegründet – Robert Capa, Henri Cartier-Bresson, George Rodger und David „Chim" Seymour. Sie riefen Magnum ins Leben, weil sie eine Arbeitsform suchten, bei der sie ihre eigene Unabhängigkeit als Menschen und Fotografen bewahren konnten. Die ungewöhnliche Mischung aus Reporterarbeit und Kunst definiert Magnum immer noch, wobei es den Fotografen nicht nur wichtig ist, was auf einem Bild zu sehen ist, sondern auch die Art und Weise, wie es gesehen wurde. Die Agentur ist eine Kooperative im Besitz der Mitglieder; sie hat Büros in Paris, New York, London und Tokio. Magnum hat augenblicklich insgesamt zweiundsechzig Fotografen – sechsundvierzig sind reguläre Mitglieder, die anderen sechzehn sind Kandidaten, assoziierte Mitglieder, Mitarbeiter oder Korrespondenten. Magnum-Fotograf Thomas Hoepker ist der Herausgeber dieses Bandes. Nathan Benn, Bürochef in New York, war der Projektleiter. David Strettell und Kim Borus haben mit viel Geschick die Koordination dieses Magnum-Projekts durchgeführt.

powerHouse Books [das die Originalausgabe herausbrachte] ist ein Verlagshaus für Fotografie, Kunst und Sachbücher zur Popkultur in New York City. 1995 von Daniel Power begründet und 1996 durch Craig Cohen wesentlich aufgewertet, zählt das Unternehmen nun Sara Rosen, Kristian Orozco, Susanne König und Kiki Bauer zu seinen kompetenten Mitarbeiterinnen und Mitarbeitern. Der Associate Publisher Craig Cohen hatte die Produktionsleitung für dieses Projekt, Sara Rosen war für die Werbung zuständig, Kristian Orozco für den Vertrieb, und der Verleger Daniel Power vertrat das Unternehmen in den Verhandlungen.

Yolanda Cuomo Design NYC ist ein Designstudio in Chelsea, Manhattan, das 1986 von der Designerin Yolanda Cuomo gegründet wurde, die bekannt dafür ist, daß sie einige der besten jungen Begabungen der Branche ausgebildet hat. Sie hat dieses Projekt mit der Assistenz von Kristi Norgaard und in Zusammenarbeit mit Astrid Lewis Reedy durchgeführt.

Kitty Barnes, die als Lektorin dieses Projekt betreute, arbeitet landesweit als Autorin und als Beraterin für verschiedene gemeinnützige Organisationen und Firmen. Sie wurde bei diesem Projekt von Robert Goff unterstützt.

Ein Teil des Verkaufserlöses und des verlegerischen Reingewinns aus diesem Buch wird dem

New York Times 9/11 Neediest Fund

zugeführt. Die „New York Times" hat diese Stiftung eingerichtet, um Spender zu sammeln, mit denen das Leiden von Familien gelindert werden soll, in welchen es durch die Wold-Trade-Center-Katastrophe einen Todesfall oder eine schwere Verletzung gegeben hat – Familien sowohl der unmittelbaren Opfer wie der an den Rettungsarbeiten Beteiligten. Die Times wird alle administrativen Kosten übernehmen, so daß das gespendete Geld in vollem Umfang den Betroffenen zukommt.

Die Verteilung erfolgt durch sieben soziale Dienste und durch drei Stiftungen, welche die Polizei und die Feuerwehr vertreten. Diese Organisationen haben sich ohne Diskussion darauf geeinigt, daß die Verteilung ausschließlich nach einem einzigen Prinzip vorgenommen wird: Bedürftigkeit.

Weitere Spenden können folgender Adresse zugestellt werden: The New York Times 9/11 Neediest Fund, P. O. Box 5193, General Post Office, New York, NY 10087, oder sie können über das Internet per www.charitywave.com beziehungsweise amazon.com/neediest übermittelt werden.

DANKSAGUNG

Die Herausgeber sind den vielen Menschen und Organisationen dankbar, die ihre Arbeitszeit und ihre Fähigkeiten zur Verfügung gestellt haben, um das Buch unter schwierigen Umständen und starkem Termindruck in den Wochen nach dem Überfall auf das World Trade Center herzustellen. Wir möchten insbesondere den folgenden danken:

Rebecca Ames, Steve Antonelli, Raj Aya, Rick Bajornas, John Berthot, Steve Book, Ryan Brown, Ann-Marie Conlon, Laura de Korver, Sophie de Legnerolles, Andrew Freemont-Smith, Paul Gauci, Ben Gillis, Anne Greenberg, Sarah Hunter, Pablo Inirio, Malli Kamimura, Ernie Loftblad, Greg Morris, Matt Murphy, Jason Nakleh, Natasha O'Connor, Whitney Old, Daniel Parrott, Michelle Poiré, Diane Raimondo, Robinson Varghese, Lalo Vela, Tom Wall, Jean Marie Walsh, Adam Wiseman und Lizzette Zurita im New Yorker Magnum-Büro für ihre Professionalität und ihre enthusiastische und großzügige Unterstützung, dem Autor David Halberstam, der so präzise zum Ausdruck gebracht hat, was wir alle empfinden; Daniel Frank und dem engagierten Team der Meridian-Druckerei für die erste, entscheidend wichtige Unterstützung; John Robinson von Gist, der ohne Zögern die Herstellung der Lithoarbeiten übernommen hat; Sandy Blaikie und Ron Raye von Acme Bookbinding und dann Hunt Nichols und Dennis Dehainaut von BindTech und Fred Daubert und Mike Hill von der Riverside Group dafür, daß sie die Bindearbeiten so rasch durchgeführt haben; Kappa Graphic Board und Austell Box Board für die entscheidenden Beiträge zur Herstellung; Philippe Laumont und Baldev Duggal für die perfekten Abzüge als Vorlage für die Farbseparierung; Rick Smolan (und Leslie Smolan und Melanie Wiesenthal) für ihren Vorschlag, wir sollten uns mit Tom Kleimeyer, Tim Needham, Chuck DeWitt und Betsy Mayo von der Firma Smart Papers in Verbindung setzen – die uns dann das letzte fehlende Element für unsere Buchproduktion lieferten: das Papier von Knightkote; Tom Sperduto von der Küstenwache für seine unschätzbare Hilfe; Frank Moster, Terry Wybel und den anderen bei Continental Sales, die uns zu diesem Projekt zuredeten.

Ein Teil des Verkaufserlöses und des verlegerischen Reingewinns aus diesem Buch wird
dem „New York Times 9/11 Neediest Fund" zugeführt.

Die Deutsche Bibliothek - CIP-Einheitsaufnahme
Ein Titeldatensatz für diese Publikation ist
bei Der Deutschen Bibliothek erhältlich

Die Amerikanische Originalausgabe erschien 2001 unter dem Titel
„New York September 11 by Magnum Photographers" bei powerHouse Books, New York, NY

© 2001 Magnum Photos, Inc.
© 2001 David Halberstam für das Vorwort
© für die deutsche Ausgabe 2002 Deutsche Verlags-Anstalt, Stuttgart München
Alle Rechte vorbehalten

1. Auflage 2002

Gestaltung: Yolanda Cuomo, New York
Produktion: Iris von Hoesslin, München
Druck: Jütte Druck GmbH, Leipzig
Bindung: Kunst- und Verlagsbuchbinderei, Leipzig
Printed in Germany
Gedruckt auf Multi Art Matt, made by Stora-Enso, geliefert von der Papier Union

ISBN 3-421-05655-2

Für Lizenzanfragen wenden Sie sich bitte direkt an Magnum Photos, Inc.,
in New York: photography@magnumphotos.com;
Paris: paris@magnumphotos.com;
oder London: magnum@magnumphotos.co.uk.